행복 페스티벌

말씀과만남의 정신

도서출판 말씀과만남은 그리스도인들과 세상 모든 사람들이
하나님의 말씀과 만나 그 생각이 새로워지고 그 삶이 풍성해지도록 돕고 있습니다.

The Malsseum & Mannam Publishing House is helping Christians and men in the
world to meet with God's Word so that they may have their spirits renewed and
have an abundant life.

배창돈 전도 시리즈 2

행복 페스티벌

배 창 돈

1판 1쇄 / 2005. 6. 3
발행처 / 말씀과만남
발행인 / 최 헌 근
등록번호 / 제20-444호
등록일자 / 1991. 6. 19

138-220 서울특별시 송파구 잠실동 339-3
Tel : (031)594-6327, Fax : (031) 594-6328
전자우편 : mmpress@hanmail.net

ISBN   89-7508-149-4 (03230)

정가 : 5,500원
잘못된 책은 바꾸어 드립니다.

배창돈 전도 시리즈 2

행복 페스티벌

배창돈 지음

말씀과만남

✹

머 리 말

　복음의 내용을 쉽게 알리고 싶은 마음에 틈틈이 쓴 칼럼을 매 주일 교회보에 실었습니다.

　하나님께서 사람들에게 주신 기쁜 소식은 알고 보면 너무나 쉽 고 명료합니다. 사람을 너무나 사랑하셔서 최고의 선물을 가지고 다가오신 하나님은 누구나 만날 수 있는 분입니다. 이 책이 그런 역할을 할 수만 있다면 얼마나 좋겠습니까? 간단한 예화와 생활 속에서 느낀 내용이 하나님께로 다가갈 수 있는 계기가 된다면 이 보다 기쁜 일은 없을 것입니다.

　오늘도 한 사람을 만나기 위해 애쓰는 사람들이 우리 주위에는 많이 있습니다. 그들은 영혼을 보며 기도와 전도로 헌신하고 있 습니다. 이 책이 영혼 구원의 열정을 가진 자들에게 도움이 되기를 바랍니다. 그리고 믿음을 가지기를 원하는 자들이 하나님의 자녀가 되는 데 다리의 역할을 하기를 바랍니다.

이 책을 통한 기쁨은 하나님 나라의 동역자들인 사랑하는 평택 대광교회 성도들과 이 책이 나오기까지 원고 정리와 교정을 해 준 사랑하는 아내와 함께 하고 싶습니다. 모든 영광을 하나님께 돌립니다.

평택에서 배창돈 목사

차 례

Happy Festival

행복 페스티벌

1
시 작

　나이아가라폭포는 미국에서부터 캐나다까지 구름다리로 연결되어 있는데, 구름다리를 설치하기 위해서 맨 처음에 솔개 다리에 실을 묶어 건너편으로 날려보냈다고 합니다. 그 다음에는 그 실에다가 철사를 연결하여 잡아당겼고, 철사줄이 연결되자 다시 철사줄에 로프를 묶어 양쪽을 연결하였다고 합니다. 결국 약하게 보이는 실을 통해 수많은 사람들이 오가는 튼튼한 다리가 만들어진 것입니다.

　무엇인가를 시작한다는 것처럼 중요한 것은 없습니다. 그런데 사람들은 시작 자체를 화려하고 거창하게만 보이려고 합니다. 그러나 그보다 더 중요한 것은 무엇인가를 시작했다는 그 자체입니다. 시작은 엄청난 결과를 몰고 올 수 있기 때문입니다. 시작이 미약하면 어떻습니까? 볼품 없이 시작하면 어떻습니까? 꿈을 가지고 믿음을 가지고 시작한다면 현재의 상황은 아무런 문제가 되지 않을 것입니다.

사람들은 끊임없이 새롭게 시작합니다. 시작은 가장 아름다운 것입니다.

시인 랭보는 "새가 날려고 깃을 펼 때, 항구에서 돛단배를 출발하려고 돛을 펴는 것과 같이 가장 아름답다."라고 했습니다. 시작 속에 꿈과 삶이 포함되어 있습니다. 시작을 통해 오늘의 모든 것이 있기 때문에 시작은 아름다운 것입니다.

2

일등 인생

'콰이강의 다리'라는 영화가 나오기까지에는 애절한 사연이
있다고 합니다. 어네스트 골든이라는 사람이 제2차 세계 대전에
서 일본군의 포로가 되어 콰이란 계곡에서 일본군을 위해 철도
를 건설했습니다. 그 곳 강제 노동 현장에서 겪었던 일은 참으로
처절했습니다. 굶주린 몸으로 노동에 투입된 연합군들은 파리 목
숨처럼 죽어갔습니다. 포로가 된 후 그들은 오직 자신만을 생각
하게 되었습니다. 자신만을 위해 생각하고 행동하는 수용소 안은
짐승들의 공동체보다 못한 곳이었습니다. 어네스트 골든 역시 생
명에 대한 애착을 가지면서도 자신을 포기할 수밖에 없는 상태
에 이르게 되었습니다. 강제 노동으로 인한 고통과 상처 그리고

굶주림으로 결국 쓰러지고 말았습니다. 그가 정신을 차렸을 때 자신을 간호해 주는 동료를 발견합니다. 희생적으로 간호한 그는 기독교인이었습니다. 그를 통해 그는 그리스도인이 되었고 두 사람의 서로를 향한 섬김은 새로운 삶을 시작하는 계기가 되었습니다.

어네스트 골든은 이후에 『콰이계곡을 통해』라는 책을 썼고, 이 책이 영화화됨으로 많은 사람들에게 감동을 주게 되었습니다. 그는 이 책에서 "섬김을 게을리하는 사람은 인생의 본분을 게을리하는 사람이다."라고 말하고 있습니다.

하나님은 이 세상이 섬김 속에서 만들어지고 강해지기를 원하십니다. 섬김을 배우기에 앞서 자신이 아무것도 아님을 알고 자신을 낮게 평가할 때 비로소 섬김의 삶을 살 수 있을 것입니다. 섬김이야말로 일등 인생이 되는 가장 확실한 방법입니다.

> "너희 중에 누구든지 으뜸이 되고자 하는 자는 너희 종이 되어야 하리라."
>
> (마태복음 20 : 27)

3

어리석은 거북이

어떤 거북이가 독수리가 날아다니는 것을 보고는 하늘을 날고 싶은 생각이 들었습니다. 독수리를 볼 때마다 부러워하다가 독수리에게 부탁하기로 마음을 먹고, 독수리에게 하늘을 나는 방법을 가르쳐 달라고 조르기 시작했습니다. 독수리는 어처구니가 없어서 날개 없는 짐승은 날 수가 없다고 설득하였습니다. 그러나 막무가내로 제발 가르쳐 달라고 하였습니다. 자기는 물 속에 살지만 물 밖에서도 다니지 않느냐고 하면서 방법만 알면 자신도 충분히 날 수 있다고 자신감에 차 있었습니다. 독수리는 거북이를 보며 한심한 생각이 들었지만 거북이의 소원대로 발톱으로 거북이를 끌어 당겨 공중으로 올라갔습니다.

공중에 올라간 거북이는 기분이 좋아서 네 발을 저으면 날 수 있을 것이라고 생각하여 네 발을 힘차게 내저었습니다. 이 때 독수리가 거북이를 놓아주었습니다. 거북이는 땅 아래로 곤두박질 치기 시작했고 잠시 후 바위에 부딪쳐 등이 부서지고 말았습니다.

이솝우화에 나오는 이야기입니다. 사람에게 자신감은 필요합니다. 그러나 자신의 한계를 과대 평가할 때 그 결국은 비참해진다는 사실입니다. 많은 사람들이 자기 우월감에 빠져 사는 경우가 있습니다. 그래서 하나님의 존재를 부인하고 하나님의 도우심을 우습게 생각합니다. 그 결과는 영원한 패배자로 통곡할 수밖에 없습니다.

"나의 영혼아 잠잠히 하나님만 바라라 대저 나의 소망이 저로 좇아나는도다."

(시편 62 : 5)

4

영원한 왕따

한국교육개발원이 1998년 한 해 동안 전국 57개 초중고 학생 6,893명을 대상으로 조사한 결과 24.2%의 학생이 '왕따' 피해를 당한 것으로 나타났습니다.

학교별로 보면 초등학생이 25.1%, 중학생이 26.9%, 고등학생이 21.3% 순이었고, 왕따를 당하는 이유는 다음과 같았습니다.

1. 척한다.
2. 이기적이고 남의 말을 무시한다.
3. 믿을 수 없다.
4. 눈치가 없다.

5. 말이 적고 소극적이며 잘 어울리지 않는다.

6. 지능이 낮다.

7. 남을 못살게 군다.

8. 왕따의 편을 들어준다.

9. 전학 왔다.

'왕따'를 벗어나는 방법으로는 자기 행동을 고치거나, 전학을 가거나, 담임 선생님과 부모님의 도움, 힘센 아이나 인기 많은 아이와 친해지는 것 등이라고 합니다.

'왕따'의 결과 정신질환에 걸리거나 심한 경우는 자살까지 한다고 합니다.

인간관계에서 생기는 '왕따'는 학생들만의 문제라고 할 수 없습니다. '왕따'의 결과가 이렇게 심각하다면 하나님과의 관계에서 '왕따'는 더욱 비참한 결과를 가져 올 것입니다. 하나님을 '왕따' 시킬 때 자신은 영원한 '왕따'가 될 것이기 때문입니다.

> "이 무익한 종을 바깥 어두운 데로 내어 쫓으라 거기서 슬피 울며 이를 갊이 있으리라."
>
> (마태복음 25 : 30)

5

이상적인 배우자

1999년 1월 17일 서울지방법원에서는 57세된 노모를 1개월 간 영등포 구치소에 유치하라는 판결을 내렸습니다. 노씨는 폭력 남편으로 지난해 10월 아내를 때려 전치 2주의 상처를 입혔습니다. 이 사건으로 법원으로부터 퇴거 및 1백미터 접근 금지 명령을 받았으나 8일 뒤에야 퇴거했고, 퇴거 기간이 끝나면 가만두지 않겠다고 협박까지 했다고 합니다. 폭력 남편에 대한 구치소 유치 결정은 사법 사상 첫 판결이었다고 합니다.

서울과 수도권 주민 500명을 대상으로 남편에 대해 어느 정도 만족하고 있는지 조사를 하였더니 다음과 같은 결과가 나왔습니다. 다시 태어나도 현재의 남편과 결혼을 하고, 딸에게도 남편과 같은 남자와 결혼을 권하고 싶다는 아내는 8%에 불과했으며, 다시 태어나면 현재의 남편과 절대로 결혼하지 않을 것이며 딸에게도 남편 같은 사람을 배우자로 권하지 않을 것이라고 답한 주부가 14%나 되었다고 합니다.

결혼하는 사람들은 한결같이 이상적인 배우자를 선택했다고 생각할 것입니다. 그러나 이상적인 배우자를 만났다고 자신 있게 말하기 위해서는 상대방을 향한 섬김의 자세가 없이는 불가능합니다.

결혼은 각자가 따로 노는 것이 아니라 한 몸이 되는 것입니다. 한 몸이 되기 위해서는 자신을 위해서 존재해서는 안됩니다. 상대방을 위해 존재해야 합니다. 그럴 때 비로소 이상적인 배우자를 만났다고 자신 있게 말할 수 있는 것입니다. 결국 내 마음에 따라 이상적인 배우자가 될 수도 있고 죽일 놈이 될 수도 있다는 것입니다.

> "무릇 지킬 만한 것보다 더욱 네 마음을 지키라 생명의 근원이 이에서 남이니라."
>
> (잠언 4 : 23)

6

제멋대로의 표

돈이면 무슨 일이든지 다 할 수 있다고 생각하는 사람이 있었습니다. 어느 날 역에 가서 기차표를 사는 사람들이 줄을 서 있는 것을 보며 마음 속으로 비웃었습니다. '돈만 있으면 무슨 일이든지 할 수 있는데 어리석은 사람들 같으니라고! 기차가 도착하자 기차표를 가진 사람들이 줄을 서서 플랫폼으로 들어갔습니다. 그 사람은 사람들의 뒤에서 역무원에게 돈을 내밀었습니다. 그러자 역무원은 "기차표를 사오세요."라고 말했습니다. 그러나 이 사람은 돈을 더 많이 주면 될 것이라고 생각하고 뭉칫돈을 꺼내서 역무원에게 내밀었습니다. 그러자 역무원은 벌컥 화를 내며 그 사람을 밀쳐버렸습니다. 정신을 차린 그 사람이 매표소로 달려가

기차표를 사려고 하는 사이 기차는 떠나고 말았습니다.

하나님께서는 죽음 이후에 영원한 안식처인 천국으로 사람들을 초청하셨습니다. 그렇다면 이 세상을 사는 동안 천국 갈 표를 구해야만 합니다. 천국 갈 수 있는 표는 하나님께서 인정하시는 표가 아니면 안됩니다. 사람들은 자기 생각대로 하나님의 기준에서 벗어난 제멋대로의 표를 준비하여 죽음 이후를 준비하려고 합니다.

하나님께서 준비하신 천국은 예수님을 믿지 않고는 어떤 방법으로도 불가능합니다. 하나님께서 언제 이 세상을 떠나라고 명령하실는지 모르기에 천국행 표는 미리 준비해야만 합니다. 당신은 천국행 표를 이미 준비하였습니까?

7

헤밍웨이가 주는 주는 교훈

지난번 미국 방문시 미국 플로리다주 최남단의 키웨스트에 있는 『노인과 바다』의 저자 헤밍웨이의 집을 방문하였습니다. 거기에는 세계적인 작가가 생전에 사용하던 유품들을 그의 생활 모습을 엿볼 수 있도록 잘 보관하고 있었습니다. 그가 평소에 낚시를 즐겼던 장소나 생활 현장은 예전이나 지금이나 변함없이 사람들을 맞이하고 있지만 헤밍웨이는 이미 기억 속의 사람으로 남아 있을 뿐입니다.

헤밍웨이가 생전에 결혼한 4명의 여자 얼굴을 실은 엽서의 판매를 통해 그에 대한 향수를 불러일으키고 있었습니다. 헤밍웨이는 1921년부터 1927년까지 Hadley richardson이라는 여자와 결혼

생활을 하였고, 1927년부터 1940년까지는 Galine pfeiffer와, 1940
년부터 1945년까지는 Martha gellhom와, 1946년부터 1961년까지
는 Mary welch와 결혼생활을 했는데, 엽총으로 자살하므로 세상
에서의 삶을 포기하고 말았습니다.

　행복을 얻기 위해 살았지만 행복과는 거리가 먼 어두운 모습
을 헤밍웨이의 삶의 흔적에서 엿볼 수 있었습니다. 이 세상 것을
통해 추구하는 행복은 결국 허무함을 안겨줄 수밖에 없습니다.
하나님께서 인간에게 주신 진리를 붙잡지 않고는 누구든지 행복
을 소유할 수 없습니다. 하나님께서 인간에게 주신 진리는 예수
그리스도이십니다. 진리 되신 예수 그리스도를 만나므로 어두운
터널을 벗어나십시오.

　　"진리를 알지니 진리가 너희를 자유케 하리라."

(요한복음 8 : 32)

8

여자와 돼지

미국의 인기 미남 배우인 조지 클루니는 동거중인 셀린이라는
여자로부터 "당신은 애완 동물인 돼지를 선택하든지 나를 선택
하든지 둘 중에 하나를 결정하라."라는 통보를 받았다고 합니다.

조지 클루니는 '맥스'라는 이름을 가진 베트남산 돼지와 함께
침대를 사용할 뿐 아니라 돼지를 위해 1만 달러(약 1천200만 원)
를 들여서 에어컨 달린 우리까지 만들어 주었다고 합니다. 셀린
이라는 이 여자는 자신이 돼지보다 못한 취급을 받는다고 생각
하니 분해서 견딜 수 없었던 모양입니다.

예레미야 17장 9절에 "만물보다 거짓되고 심히 부패한 것은 마
음이라."고 말씀하고 있습니다. 사람들은 외모를 보지만 하나님

은 마음을 보십니다. 드러난 모습은 돼지보다 낫지만 인간의 마음은 말할 수 없이 추하고 역겨운 냄새로 가득 차 있는지도 모릅니다. 그러나 하나님은 여전히 인간을 사랑하십니다. 독생자 예수 그리스도를 이 땅에 보내셔서 돼지보다 못한 우리를 사랑하시고 우리와 함께 하십니다. 우리를 향한 하나님의 크신 사랑은 누구도 막을 수 없습니다. 독생자이신 예수 그리스도까지 이 땅에 내몰아 십자가에 못박으신 사랑이기 때문입니다. 그러므로 누구든지 예수 그리스도를 인격적으로 마음에 모셔들일 때 주님이 주시는 놀라운 사랑의 감격 속에서 세상을 살아갈 수 있습니다.

9

세 차

차가 더러워 세차장에 가서 세차를 하고 나니 새 차를 탄 기분
이 들었습니다. 그런데 아침에 일어나 보니 차가 흙탕물을 뒤집
어 쓴 채로 흉물스럽게 서 있는 것이었습니다. 간밤에 비가 온 것
입니다.

하늘로부터 오는 비는 너무나 더럽습니다. 미국에서는 세차장
이 잘 되지 않는다고 합니다. 비 오는 날이면 자연스럽게 세차가
되기 때문이라고 합니다. 미국에서는 더러운 차를 본 기억이 거
의 없는 것 같습니다. 미국은 거의 잔디입니다. 그리고 공해업소
는 발붙일 수가 없습니다. 땅에서의 노력을 하늘이 알고 장단을
맞추어 주는 것 같습니다.

그 맑고 깨끗한 하늘을 오염시킨 사람들의 마음이 참으로 대단하다는 생각이 듭니다. 한 사람 한 사람의 부주의가 그 넓고 높은 하늘을 오염시킨 것입니다. '나 하나쯤이야!'라고 생각한 결과가 참으로 상상할 수 없는 결과를 가져오는 것입니다.

그리스도인들 한 사람 한 사람의 방종 역시 가정과 교회를 파괴하고 세상을 어둡게 만들어 자신과 모두에게 아픔과 고통이 다시 돌아오게 만듭니다.

차근차근 기초를 세우면 어떤 재난에도 끄덕 없는 건물이 세워져 사람들의 필요를 채워 줍니다. 이유 없는 재앙은 없습니다. 심은 대로 거두는 것은 하나님께서 만드신 불변의 진리입니다.

> "울며 씨를 뿌리러 나가는 자는 정녕 기쁨으로 그 단을 가지고 돌아오리로다."
>
> (시편 126 : 6)

10

하나님과 사람

어떤 사람이 믿음을 가진 한 남자에게 물었습니다. "당신은 매일 교회에 다니니 하나님이 큰지 작은지 알 수 있겠구려, 나에게 말해줄 수 있겠소?" 그러자 남자는 이렇게 대답했습니다. "하나님은 크기도 하며 작기도 하십니다." 그러자 질문한 사람은 의아스러운 표정으로 다시 반문했습니다. "어떻게 하나님이 크기도 하고 작기도 할 수 있어요? 크든지 작든지 둘 중에 하나가 되어야 하지 않겠소?" 젊은 남자는 빙그레 웃으며 이렇게 설명했습니다. "하나님은 너무 크신 분이기에 가장 높고 넓은 우주라 할지라도 수용할 수 없어요. 그러나 하나님은 나의 작은 마음 속에 오셔서 함께 하기도 하시지요."

하나님은 어디나 계신 분입니다. 그리고 가장 가까이 계신 분이며 우리를 가장 잘 알고 계신 분입니다. 그리고 우리를 가장 사랑하십니다. 하나님은 자기의 생명보다 귀한 독생자 예수 그리스도를 이 땅에 보내어 우리를 하나님의 자녀로 삼기를 원하십니다. 그것도 누구든지 예수를 구세주로 믿기만 하면 하나님의 가장 귀한 자녀로서 모든 특권을 누릴 수가 있습니다. 사람이 하나님의 사랑을 받고 산다면 그보다 더한 행복은 없을 것입니다.

11

의심의 늪

옛날 어느 집 마당에 오래된 오동나무가 말라 죽어 있었습니다. 말라 죽은 오동나무를 보고 이웃에 사는 노인이 "죽은 오동나무를 오래 두면 재수가 없다."라고 말하자 집 주인은 오동나무를 베어버렸습니다. 장작으로 쓰기 위해 마당에 둔 오동나무를 본 옆집 노인은 그것을 자기에게 달라고 했습니다. 이 말을 들은 집주인은 갑자기 화가 치밀어 올랐습니다. '이 노인이 오동나무가 탐나서 나를 속였구나' 라는 생각에 노인에게 화를 내며 달려들었다고 합니다.

의심이라는 질병 때문에 자신이 비참해진다는 사실을 모르는 경우가 많습니다. 의심으로 가득 찬 사람의 사고는 거의가 부정적입니다. 그리고 결국 자신을 서서히 침몰시킵니다.

유명한 임상실험소인 메이어 실험소의 소장인 찰스 메이어 박사는 "나는 과로로 죽은 사람은 보지 못했으나 의심으로 죽은 사람은 많이 보았다."라고 말했습니다.

의심은 많은 것을 잃게 합니다. 세상에서는 사랑하는 사람들을 잃게 될 뿐 아니라 하나님께서 약속하신 수많은 복들을 물거품으로 만듭니다. 이 세상의 많은 사람들이 의심이라는 굴레를 벗어나지 못해 하나님께서 사람에게 주신 최고의 공짜 선물인 영원한 처소 천국 아파트까지 거부하기 때문입니다. 의심의 늪에서 벗어나십시오.

> "오직 믿음으로 구하고 조금도 의심하지 말라 의심하는 자는 마치 바람에 밀려 요동하는 바다 물결 같으니 이런 사람은 무엇이든지 주께 얻기를 생각하지 말라."
>
> (야고보서 1 : 6~7)

12

추락하지 않는 삶

　가장 안전한 배를 만들기 위해 조선 공학자들이 연구한 결과 배의 길이에 대한 폭의 비율이 100분의 21에서 100분의 30 사이가 가장 효율적이라는 연구 결과가 나왔습니다. 그런데 물고기에 대한 비율을 살펴보면 돌고래가 100분의 25, 고래는 100분의 21, 상어는 100분의 26, 참치는 100분의 28의 균형 잡힌 몸매로 물살을 잘 헤치고 나간다고 합니다.

　비행기를 만든 초기에는 수평으로 잘 날았으나 급강하할 때에 공기의 흐름 때문에 날개의 심한 진동으로 비행기가 추락하였다고 합니다. 이 문제를 해결하기 위해 고민하던 항공 공학자들이 독수리가 급강하하여 짐승을 낚아채는 것을 보며 안전한 비행기를 만들게 되었다고 합니다. 독수리는 급강하시 날개 깃털 중 맨 앞의 깃털이 위로 들려서 그 사이로 약간의 공기가 흐르기 때문에 전체 깃털의 진동을 방지한다고 합니다. 이 원리를 이용하여 전연장치를 고안하여 날개 설치에 적용함으로서 추락 문제를 쉽게 해결할 수 있었습니다.

하나님께서 만드신 물고기와 독수리의 오묘함에 다시 한번 놀라지 않을 수 없습니다. 하나님은 모든 피조물의 소유권을 가지고 계십니다. 그 소유권을 가지신 하나님을 인정하고 그분께 삶을 맡긴다면 참으로 오묘하게 인도하시는 하나님의 사랑을 체험하며, 추락하지 않는 삶을 살 수 있을 것입니다.

13

전쟁의 이유

한 소년이 아빠에게 질문을 하였습니다.

"아빠, 전쟁은 어떻게 시작되나요?"

"그러면 세계 제1차 대전을 예로 들어볼까? 이 전쟁은 독일이 벨기에를 침공하면서부터 시작되었단다."

그때 옆에서 듣고 있던 아내가 끼어들며 말했습니다.

"아이에게 사실대로 말해 줘야지요. 세계 제1차 대전은 1914년 6월 28일 오스트리아의 왕위를 계승할 알크듀크 프란시스 페르디낭이 세르비아를 방문하던 중에 암살을 당하자 오스트리아가 보복 조치로 세르비아에게 선전 포고를 하므로 시작되었단다."

그러자 남편은 정색을 하며 큰 소리를 질렀습니다.

"도대체 당신이 대답하는 거요, 내가 대답하는 거요? 가운데서 끼어들어 잘난 체 하고 있어!'

이 말을 들은 아내는 화가 나서 문을 꽝 닫고는 밖으로 나가버렸습니다. 이것을 보고 있던 아들이 말했습니다.

"아빠 이제는 더 이상 전쟁이 일어나는 이유를 말하지 않아도 알겠어요."

1914년부터 1918년까지는 제1차 대전이, 1939년부터 1945년까지는 제2차 대전이 일어났습니다. 이 두 전쟁시 12개 나라를 제외한 모든 나라가 전쟁에 휘말렸고 19세기까지 1억 이상의 사람이 전쟁으로 사라졌다고 합니다. 사실 전쟁이나 다툼의 이유를 살펴보면 사소한 욕심에서부터 시작됩니다. 사람의 죄성 때문에 다툼과 전쟁이 일어나고 많은 손실과 고통을 당합니다. 예수 그리스도는 이 땅에 사랑과 평화를 가지고 오셨습니다. 죄로 인해 도무지 희망이 없는 사람들을 위해 십자가에서 돌아가신 것입니다. 진정으로 예수 그리스도를 구주로 믿고 인격적으로 영접하면 지옥 같은 싸움터에서 벗어나 마음의 평화와 사랑을 소유하여 천국의 맛을 미리 보며 살 수 있습니다.

14
헛수고

한평생 공무원으로 지낸 어떤 분이 퇴직을 하면서 거의 억대의 돈을 퇴직금으로 받았습니다. 그 돈이면 노후를 걱정할 필요가 없을 정도의 돈이었습니다. 은행에 넣어두고 이자를 받아서 생활하기로 하였습니다. 그런데 그 정도의 돈이면 잘 굴려서 더 큰 돈이 될 수 있다는 친구의 유혹에 넘어가 그 친구에게 돈을 맡겼습니다. 그런데 얼마 후 그 친구에게 속은 것을 알았습니다. 그 친구는 이미 그 돈을 가지고 도망을 치고 말았습니다. 한평생 수고의 대가로 받은 퇴직금이 공중으로 날아가 버리고 만 것입니다.

이 세상 일은 그 결과가 헛수고로 끝나는 경우가 많습니다. 피

눈물나는 노력이 물거품이 되는 것을 보며 땅을 치며 억울해 합니다. 이것이 이 세상의 모순입니다.

헛수고로 통곡해 본 적이 있습니까? 지금 당신의 노력이 반드시 풍성한 결과를 가져올 것이라고 자신 있게 말할 수 있습니까? 이 세상에 목을 매고 추구하는 노력 그리고 사람이 만든 법이 가진 허무한 결과와는 달리 반드시 정해진 결과를 얻을 수 있는 것이 있습니다. 그것은 하나님의 뜻대로 사는 것입니다. 하나님은 믿을 수 있는 분이십니다. 창조주이신 그분은 한번 약속하신 것을 어기시는 법이 없습니다. 하나님 말씀대로 사는 자에게는 헛수고로 인해 통곡할 이유가 전혀 없습니다. 그리고 믿음의 결과도 마찬가지입니다. 풍성한 결과가 준비되어 있습니다.

> "진실로 너희에게 이르노니 천지가 없어지기 전에는 율법의 일점 일획이라도 반드시 없어지지 아니하고 다 이루리라."
>
> (마태복음 5 : 18)

당신은 지금 헛수고를 하고 있지는 않습니까?

15

정상에 선 사람

    며칠 전 새벽기도를 마치고 등산을 하다가 깨달은 것이 있습니다. 그것은 등산로가 항상 일정한 상태의 길이 아니라는 것입니다. 제가 다니는 산은 이름 없는 조그마한 산입니다. 등산로 입구는 좀 가파른 오르막입니다. 함께 다니는 목사님은 초입을 지날 때면 언제나 "매일 다녀도 왜 이렇게 힘이 드는지!"라고 하십니다. 가파른 입구를 지나면 평지가 나옵니다. 그러다가 약간의 내리막이 있고 또 다시 비탈길을 올라가야 합니다. 산 정상에 오르면 그때부터는 내리막이 계속됩니다. 인생도 이처럼 등산과 같다는 생각이 듭니다. 인생살이가 언제나 오르막만 있는 것이 아니기 때문입니다. 힘든 고비를 지나면 평지가 나옵니다. 그리고 좀 더 쉽게 갈 수 있는 내리막도 나옵니다. 세상을 살면서 힘들다고 불평하고 포기해 버리면 정상에 오를 수 없습니다. 그러나 정상에 선 사람은 곧 바로 내리막을 향해 되돌아 가야 합니다. 그리고 처음 출발했던 그 자리로 돌아와야 합니다. 인생도 이와 같은가 봅니다. 오르막이 있으면 내리막이 있습니다. 중요한 것은 지금 가고 있는 길이 어떤 길이든 최선을 다하는 것입니다. 반드시 정상에 올라 최고가 되는 것이 목적이 되어서는 안될 것입니다. 물론 등산은 정상에 오르는 쾌감을 맛보는 것이 중요합니다. 그러나 등산은 출발에서부터 다시 돌아오는 과정 모두가 중요하다고 생각합니다. 이처럼 인생도 정상에 서서 최고가 되는 것만이 목적이라면 내리막은 참으로 힘들고 고통스러운 길이 될 것입니다. 비록 내리막길을 간다고 해도 최선을 다해 걷는다면 그것이 바로 정상에 선 자의 모습이 아닐까 생각해 봅니다.

"… 착하고 충성된 종아 네가 작은 일에 충성하였으매 내가 많은 것으로 네게 맡기리니 네 주인의 즐거움에 참예할지어다 하고"

(마태복음 25 : 21)

16

5분 동안의 **에어로빅**

등산을 하다 보면 사람들의 얼굴이 생각보다 어두운 것을 볼 수 있습니다. 어떤 사람은 산하고 싸우러 가는 것처럼 험상궂은 얼굴을 하고 씩씩거리며 올라갑니다.

사람의 몸 속에 있는 자율 신경으로는 교감 신경과 부교감 신경이 있습니다. 불안한 일이 생기거나 놀라면 교감 신경이 과민하게 반응해서 몸의 장기 여러 곳에 해를 끼치지만, 웃게 되면 부교감 신경을 자극해 심장을 위시해서 몸의 여러 부분을 편안하게 해주는 좋은 영향을 끼친다고 합니다. 심하게 웃을 때는 혈액 순환을 도와주고 혈압을 낮추어주며 질병에 대한 저항력을 길러 줄 뿐 아니라 몸 속의 근육 650개 중 231개가 움직이므로 에어로

빅을 5분 동안 하는 것과 같은 효과가 있다고 합니다.

하나님께서는 사람에게만 웃을 수 있는 특권을 주셨습니다. 성경 데살로니가전서 5장 16-17절에 보면 "항상 기뻐하라 쉬지 말고 기도하라 범사에 감사하라 이는 그리스도 예수 안에서 너희를 향하신 하나님의 뜻이니라."라고 말씀합니다. 이 말씀 속에서 우리는 어떤 삶을 살아야 할 것인지를 잘 알 수 있습니다.

기뻐하고 감사하며 사는 것이 하나님의 뜻이라고 합니다. 어떤 상황 속에서도 웃고 사는 사람은 분명 하나님 가까이 있는 사람일 것입니다.

웃음은 마음의 건강과 육체의 건강을 지키는 방법일 뿐 아니라 가정과 사회를 건강하게 하는 가장 효과적인 방법이기에 하나님께서 인간에게 웃음이라는 보약을 주신 모양입니다.

17

분노의 독소

1999년 4월 24일 조간 신문 사회면에 눈에 들어오는 두 가지 기사가 있었습니다.

첫 번째 기사는 마산에 있는 어떤 약국 부부 살해 사건으로 범인이 27세된 아들이라는 기사였습니다. 금지옥엽 외아들로 자란 김씨는 아버지가 평소에 자신을 구박할 뿐 아니라 어머니를 구박하는 것 등이 폭발하여 화가 나서 몽둥이와 흉기로 아버지와 어머니를 살해하고 불을 질러 강도로 위장했다고 합니다.

두 번째 기사는 체임 근로자의 분신으로 생명이 중태라는 기사였습니다. 내용인즉슨 32세된 이씨가 밀린 임금 130만 원을 달라고 항의하며 휘발유를 몸에 뿌린 뒤 분신 위협을 하다가 몸에 불이 붙어 생명이 위급한 상태에 있다는 내용이었습니다.

성경에 이런 말씀이 있습니다. "노하기를 속히 하는 자는 어리석은 일을 행하고 …"(잠언 14장 17절), "분을 내어도 죄를 짓지 말며 해가 지도록 분을 품지 말라."(에베소서 4장 26절)

분노는 자신을 파멸의 길로 몰아넣을 뿐 아니라 자신이 속한 공동체인 가정과 사회까지 파괴합니다.

분노는 상상할 수 없는 방향으로 튀어서 엄청난 죄를 짓게 합니다.

분노의 독소는 신체조직과 기관에 병을 유발시킨다고 합니다.

당신은 지금 어떤 일로 분노하고 있습니까? 분노의 찌꺼기를 모두 제거하십시오. 그렇지 않으면 당신의 영혼과 육체 그리고 사랑하는 사람까지 철저하게 파괴하게 될 것입니다.

18

소 원

아나운서가 꿈인 어떤 학생이 있었습니다. 이 학생은 시간만 나면 아나운서 흉내를 내었습니다. "전국에 계신 동포 여러분 안녕하십니까? 여기는 서울 방송입니다 …" 얼마 후 웬만한 아나운서 빰칠 정도의 실력을 갖추었습니다. 그런데 어느 날 이 학생이 차를 타고 가다가 그만 차가 전복되어 정신 이상이 되고 말았습니다. 아나운서의 꿈이 물거품이 되고 만 것입니다.

1996년 애틀란타 올림픽 여자 100미터 허들 경기에서 금메달을 딴 스웨텐의 루드밀라 엠퀴스트라는 35세의 주부 선수가 유방암 말기 수술을 받았다고 합니다. 의사로부터 온 몸에 암세포가 퍼졌다는 청천 벽력같은 이야기를 들었지만 이렇게 허무하게 인생을 끝낼 수 없다는 생각에 2000년 시드니 올림픽에 출전하여 올림픽 2연패를 실현하겠다고 선언하였다고 합니다.

사람들은 자신이 생각하는 꿈을 이루기 위해 노력합니다. 그러나 그 꿈이 이루어질 수 있을 것이라고 장담할 수는 없습니다. 사람이 아무리 완벽하게 계획을 해도 그 계획을 이루시는 분은 하나님이시기 때문입니다. 그래서 사람들은 하나님을 향한 소원을 가져야 합니다. 소원을 이루어 주시는 분이 하나님이시기 때문입니다. 예수 그리스도를 믿을 때에 인생의 소원을 들어 주시는 하나님을 아버지로 모시고 살아갈 수 있습니다.

19

자녀의 거울

거울이 없다면 세상 사람들의 모습은 참으로 우습게 보일 수밖에 없을 것입니다. 며칠 전 아내가 "거울이 없는 곳에서는 당신이 내 거울이 되어 주세요."라고 하는 말을 듣고 서로 웃은 적이 있습니다. 사람들은 거울을 보며 매일 자신을 가꿉니다. 거울을 보지 않는 사람은 흠이 많습니다. 이처럼 이 세상 사람들은 서로에게 거울이 되어야 합니다. 가장 좋은 거울은 자신의 모습을 있는 그대로 보여주는 거울입니다. 이 세상에서 가장 좋은 거울의 역할은 부모들이 합니다. 언제나 잔소리 같은 말을 하지만 그 잔소리가 오늘날의 나를 성숙한 모습으로 만들어 준 것입니다. 부모님의 사랑은 거울과 같습니다. 외적으로 성숙된 패션이 거울의 영향이라면 내적인 성숙은 부모님의 사랑이라는 거울 때문입니다.

 "마땅히 행할 길을 아이에게 가르치라 그리하면 늙어도 그것을 떠나지 아니하리라." 잠언 22장 6절의 말씀입니다. 부모들은 자녀의 거울임을 기억하고 마땅히 행할 길을 가르쳐야 합니다. 또한 부모의 생활이 자녀의 거울이 됨을 기억해야 합니다. 아이들이 집에서 행한 부모들의 행동을 그대로 살아가면서 재현하기 때문입니다.

20

두 머슴의 대화

머슴 두 명이 우물가에서 잡담을 하고 있었습니다. 한 머슴이 불평을 털어놓기 시작했습니다. "물을 아무리 길어 봐도 얼마 안 가서 다 써 버리고 또 길어 와야 하니 이게 무슨 신세야!' 그러자 다른 머슴이 이렇게 말했습니다. '나는 그렇게 생각하지 않아, 우물에 올 때는 빈 통을 가지고 왔지만 갈 때는 물을 가득 채워 가니 마음이 기쁘고 뿌듯해. 이 물이 우리 집안 식구들에게 유용하게 쓰인다고 생각하니 피곤함 정도는 큰 문제가 되지 않아."

마음먹기에 따라 생각하는 것이 180도로 다를 수가 있습니다. 같은 일을 하면서 감사와 불평으로 엇갈리기 때문입니다. 하나님은 그리스도인들의 마음이 긍정적이 되기를 원하십니다. 어둡고 부정적인 것을 보기보다는 밝고 긍정적인 면을 보면 좋은 결과를 얻을 수 있을 것입니다. 믿음의 사람들은 긍정적인 사람입니다. 예수님께서 만난 사람들은 대부분 어둡고 부정적인 사람이었지만 예수 그리스도를 만난 이후에 긍정적인 사람으로 바뀌어졌습니다. 긍정적인 사람은 불가능한 가운데서도 가능성을 봅니다. 그리고 단점 속에서 장점을 찾아냅니다. 그리고 자신이 속한 모임을 밝고 힘있는 모임으로 만듭니다.

당신은 가족과 직장, 믿음의 형제들에게 어떤 영향을 줍니까? 긍정적인 사고를 가진 적극적인 사람이 되고 싶지 않습니까?

21
한순간의 성공

영국의 덜햄이라는 지방의 광산촌에서 사고가 생긴 적이 있습니다. 석탄광의 갱도가 무너져 164명이라는 많은 사람들이 매몰되어 생매장을 당했다고 합니다. 시체를 발굴하는 가운데 한 판자를 발견했습니다. 그 판자에는 이런 글이 적혀져 있었다고 합니다. "주님은 우리와 같이 하십니다. 우리는 갈 준비가 되어 있습니다. 주여 축복하소서. 우리는 매우 좋은 기도회를 가졌습니다. 모든 사람에게 영원한 영광이 준비되어 있는 것을 믿습니다. 화요일 오후 2시"

육체적인 죽음은 누구에게나 다가오는 필수적인 사건입니다. 그러나 죽음이 끝이 아니라 새로운 시작임을 아는 사람은 죽음에 대한 준비를 미리 마칠 수가 있습니다. 아무리 많은 물질을 가지고 명예와 세상 지위를 얻었다고 해도 성공자가 아닙니다. 세상에서의 삶은 인간에게 주어진 영원한 삶에 비하면 지극히 짧은 한순간에 불과하기 때문입니다. 영원한 패배가 앞에 있는데 잠깐 동안의 성공이 얼마나 큰 의미가 있을까요? 창조주 하나님께서 인간에게 준비하신 영원한 삶에 대한 확신이 없는 자는 결코 성공자가 아닙니다. 인간에게 부활과 영생이 있음을 믿습니까? 그렇다면 오늘 실패자처럼 보여도 결코 실패자가 아니라 성공한 사람입니다.

> "내가 진실로 진실로 너희에게 이르노니 내 말을 듣고 또 나를 보내신 이를 믿는 자는 영생을 얻었고 심판에 이르지 아니하나니 사망에서 생명으로 옮겼느니라."
>
> (요한복음 5 : 24)

22

미래의 이브

프랑스의 작가 '빌리에 드 랄라당(1838-1889)' 이 쓴 『미래의 이
브』라는 작품의 내용입니다.

발명가 에디슨은 한적한 뉴욕 근교에서 새로운 발명품을 위해
최선을 다하고 있었습니다. 어느 날 그의 친구인 영국인 귀족 에
왈드 경이 방문하여 자신의 고민을 털어놓았습니다. 자신은 절세
의 미인인 아리샤 크라리라는 여자를 사랑하고 있는데 그 여자
의 마음과 성격이 외모와는 전혀 딴판이라 너무나 절망하여 자
살까지 생각할 정도라는 것입니다. 에디슨은 자신의 모든 지식을
총동원해서 아리샤와 같은 미모에 아름다운 마음과 성격을 갖춘
인조인간을 만들어 주겠다고 약속하고는 3일 후에 약속대로 인

조인간을 만들었습니다. 친구인 에왈드는 자기를 괴롭힌 아리샤와의 관계를 끊고 인조 인간과 함께 배를 타고 귀국 길에 오릅니다. 배가 대서양 한가운데 이르렀을 때 갑자기 화재가 나서 인조 인간이 바닷물에 몸을 던지고 말았습니다. 구출에 실패한 에왈드는 너무나 비통한 나머지 상복을 입었습니다.

참으로 허무맹랑한 이야기 같습니다. 그러나 인조인간을 만들어서라도 자신의 욕심을 채우려는 인간의 모습과 인조인간으로 대체해야 할 만큼 변질된 영혼을 풍자한 내용이 아닌가 하는 생각이 듭니다. 어떻게 보면 많은 사람이 영혼을 아예 포기하고 외적인 욕심만을 추구하고 사는 지도 모릅니다. 사람의 욕심처럼 허무한 것도 없습니다. 영혼이 제 역할을 할 수 없을 때 사람은 인조인간보다 못한 자로 전락할 수 있습니다. 또한 인간을 창조하신 하나님을 부인하고 자신을 하나님처럼 생각하고 살 때에 인조인간을 만들어서라도 자신의 만족을 추구하려는 어리석음에 빠질 것입니다.

23

광 기

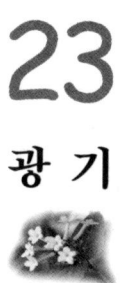

모파상은 1850년에 출생했는데 부모의 이혼으로 어머니와 남
동생과 함께 생활을 하였습니다. 그는 카톨릭 신학교인 이부토
신학교에 다녔으나 카톨릭 교육에 대한 반감으로 중도에 그만두
고 일반 고등학교로 옮깁니다. 보불 전쟁이 일어나자 징집되어
전쟁의 참상을 경험하고 전쟁에 대한 거부감과 혐오감을 가지게
됩니다. 이후에 그는 해군성의 하급 관리 생활과 공무원 생활을
거치며 단편소설과 희곡을 쓰기 시작합니다. 그는 『보바리 부인』
이라는 소설로 유명한 플로베르(1821-1880년)로부터 가르침을 받
게 됩니다. 그는 1880년부터 1891년까지 300여 편의 단편과 『여
자의 일생』, 『벨아미』 등 6편의 장편 소설을 씁니다. 그는 부모의

이혼과 전쟁의 비극 그리고 말단 관리가 당하는 어려움 등으로 인해 인간의 부정적인 면과 힘을 가진 자들에 대한 거부감 등으로 인해 염세적인 분위기를 그의 작품에서 느낄 수 있습니다. 이후 그는 극도의 광기에 사로잡힌 모습을 보입니다. 모파상은 1893년 43세의 나이로 파리 교외의 한 정신 병원에서 짧은 일생을 마감하고 말았습니다.

사람의 수많은 문제를 보며 분노하고 아무리 노력을 해도 해결할 수 없는 것이 이 세상의 일입니다. 가장 중요한 것은 하나님을 통해 자신의 문제를 해결하지 않고는 결국 '광기'를 드러낼 수밖에 없습니다. 나 자신이 바뀌면 세상을 보는 눈이 달라질 수 있습니다. 왜냐하면 비록 삶이 화려하지 않아도 아름다운 인생 결산을 할 수 있기 때문입니다. 또한 예수 그리스도 안에서 사는 자는 소망을 가진 자입니다.

"내게 능력 주시는 자 안에서 내가 모든 것을 할 수 있느니라."
(빌립보서 4 : 13)

24

영화같은 살인극

12세 때 미국으로 건너가 샌디에고에 있는 마운틴엠파이어고 등학교를 공동으로 수석 졸업한 두 자매 서니 한과 지나 한은 많은 사람들의 부러움의 대상이 되었습니다. 그러나 1998년 두 사람은 영화 같은 살인극의 주인공들이 되고 말았습니다. 절도혐의로 감옥에 있던 동생 지나 한이 감옥을 탈출하여 언니 서니 한을 죽이려고 청소년 두 명을 데리고 집안에 들어가 언니와 같이 있던 사람을 죽이려다 출동한 경찰 때문에 미수에 그친 사건입니다. 이 일로 동생은 다시 검거되었습니다.

22세가 된 쌍둥이 자매는 평소 사이가 안 좋았다고 합니다. 한 뱃속에서 태어난 쌍둥이 자매의 청부 살인 사건은 미국과 한국의 모든 언론에 대서특필되었습니다. 동생 뿐 아니라 언니까지 전과 기록이 있다고 합니다. 미국까지 가서 아메리칸 드림을 꿈 꾼 부모의 마음이 어떠할지 짐작해 볼 수 있습니다. 자녀들의 다 툼이 부모의 기대와 꿈을 무참히 짓밟고 만 것입니다. 사람들이 사는 곳은 이렇게 다툼과 미움이 있습니다. 다툼은 자신과 이웃 을 파멸시킵니다. 미워할 수밖에 없는 사람일지라도 미워하면 자 신도 함께 파멸한다는 것이 성경이 가르치는 진리입니다. 미움은 살인입니다. 그러므로 원수를 이기는 방법은 한가지 밖에 없습니 다. 그것은 바로 사랑하는 길입니다.

> "너희가 사람의 과실을 용서하면 너희 천부께서도 너희 과실을 용서하 시려니와 너희가 사람의 과실을 용서하지 아니하면 너희 아버지께서도 너희 과실을 용서하지 아니하시리라."
>
> (마태복음 6 : 14~15)

25

한 호스티스의 **간절한 기도**

　일본의 악명 높은 야쿠자(조직 폭력배)인 스즈키 히로유키는 도박으로 유명한 '사카우메 구미'의 조직원이었습니다. 그는 1980년대 말 오사카의 한 술집에서 한금자(일본명 마리코)라는 한국인 여성을 만나 사랑을 나누게 되었습니다. 스즈키는 도박으로 눈덩이처럼 불어나는 빛을 보며 불안한 나날을 보내고 있었고, 마리코 역시 이국에서의 삶에 지치고 힘들어하였습니다. 그러던 중 마리코가 한국인 교회에 나가기 시작하였고, 무릎 종지뼈를 다친 그녀가 교인들의 중보기도와 목사의 안수로 병이 낫게 되었습니다. 스즈키는 마리코의 간절한 기도와 전도로 하나님께 가까이 갈 수 있는 기회가 있었으나 자신의 아이까지 낳은 마리코를 버려둔 채 방탕생활을 계속하였습니다. 8개월 이후 스즈키는 신주쿠 환락가에 있는 교회에 나가 예수님을 믿고 마리코에게 용서를 빌고 1990년에 신학교에 들어갔습니다. 폭력 조직으로부터의 위협에 굴하지 않고 오끼나와 홋카이도 등 일본 전역을 돌며 전도하였고, 한국과 하와이까지 선교여행을 하였습니다. 목사가 된 후, 1998년도에는 빌 클린턴 미국 대통령 초청으로 조찬 기도회에서 설교까지 하였다고 합니다.

한 사람의 운명은 누구를 만나느냐에 달려 있습니다. 아내 마리코를 통해 만난 예수님은 악명 높은 야쿠자를 목사로 만들었습니다. 예수 그리스도를 만나십시오. 그러면 당신의 헝클어진 삶을 바로잡을 수 있습니다.

"평안을 너희에게 끼치노니 곧 나의 평안을 너희에게 주노라 내가 너희에게 주는 것은 세상이 주는 것 같지 아니하니라 너희는 마음에 근심도 말고 두려워하지도 말라."

(요한복음 14 : 27)

26

에티켓(Etiquette)

　사람의 인격 정도는 예의를 통해 어느 정도 측정할 수 있을 것입니다. 한국, 미국, 일본 사람의 예의를 풍자한 내용이 신문에 실렸습니다. 자판기에 돈을 넣었는데 물품이 나오지 않을 때 미국인은 "왜 안나오지?" 하면서 그냥 간다고 합니다. 그리고 일본인은 자판기에 적힌 전화번호로 전화를 걸어 합당한 보상을 끝까지 받아내며, 한국인은 자판기를 부숴질 정도로 마구 친다고 합니다. 자동차 사고가 났을 때 미국인은 차부터 뺀 뒤에 사태를 수습하며, 일본인은 잘잘못을 차분히 따진 뒤에 합의를 하고 일을 끝내며, 한국인은 차에서 뛰어 내리자마자 멱살부터 잡는다고 합니다. 비 오는 날 차가 물을 튀겼을 때 미국인은 재수 없는 날이라고 생각하며 지나가지만, 일본인은 끝까지 차를 잡아서 세탁비를 받아내며, 한국인은 돌부터 집어 던진다고 합니다.

에티켓이란 말의 본래 뜻은 "세우는 표본, 짐의 표시, 픗말"을 의미한다고 합니다. 옛날 프랑스 교외의 베르사이유 궁전의 아름다운 화원을 보호하기 위해 에티켓(Etiquette)이라는 팻말을 부친 데서 유래되었다고 합니다. 지금 에티켓이란 말은 "예의, 예절"이라는 뜻입니다.

사람들간의 에티켓이 이처럼 중요한 것처럼 하나님을 향한 인간의 에티켓은 더더욱 중요합니다. 사람들끼리의 무례함이 서로를 파괴시킨다면 하나님을 거부하고 무시하는 무례함이야말로 그 결과가 어떠함을 짐작해 볼 수 있습니다. 예수 그리스도를 통해 살아 계신 하나님을 만나 에티켓을 지킨다면 하나님이 주시는 최고의 선물을 받을 수 있을 것입니다.

27

굿 뉴스

괌에는 일본군들이 미군들과 싸웠던 동굴과 부서진 전차와 포
대가 여러 곳에 있습니다. 괌의 중앙에 위치한 산 언덕에 있는 굴
은 특별한 의미를 가진 굴입니다. 제2차 세계대전에서 패한 일본
군들이 대부분 전사하고 유일하게 생존한 요꼬이라는 병사가 혼
자서 이 굴로 도망을 쳤습니다. 그는 거기서 전쟁이 끝난 줄도 모
르고 27년 동안 살았습니다. 나무 열매를 따먹으며 짐승처럼 산
것입니다. 이 사람은 누구에게서도 전쟁이 끝났다는 굿 뉴스를
듣지 못한 것입니다. 27년이나 동굴에서 산 요꼬이가 전쟁이 끝
난 사실을 알았을 때 얼마나 지나간 삶이 허무했을까요? 지금 그
가 가졌던 유품은 괌에 있는 박물관에 진열되어 있습니다.

하나님께서 인간에게 전해주신 굿 뉴스를 듣지 못해서 지나간 날들을 후회할 수 있다는 사실을 알아야 합니다. 하나님께서 전해 주신 굿 뉴스를 믿지 않거나 듣지 못한 사람은 요꼬이라는 일본 병사보다 더 불쌍한 사람입니다. 요꼬이는 27년을 손해보았지만 하나님께서 예수 그리스도를 통해 전해 주신 굿 뉴스를 믿지 못한다면 하나님께서 인간을 위해 준비한 영원한 생명을 잃게 되는 가장 불쌍한 자가 될 것입니다.

"주 예수를 믿으라 그리하면 너와 네 집이 구원을 얻으리라."

(사도행전 16 : 31)

28

돌이킬수 없는 **실수**

　옛날 어떤 신혼 가정의 이야기입니다. 하루는 남편이 밤늦게 집에 돌아왔습니다. 호롱불만 있던 시절이기에 주위가 어두컴컴 하였습니다. 방문 앞에는 아내 신발과 함께 남자 신발이 있었습니다. 놀란 남편이 방문을 열어보니 상투를 한 남자와 아내가 잠을 자고 있는 것이었습니다. 이 모습을 본 남편은 부엌에서 식칼을 들고 나와 방으로 들어가려고 하다가 잠깐 생각에 잠겼습니다. 본래 아내는 무척 상냥하고 고운 아내였습니다. 자기 아내가 그럴리가 없다는 생각이 들었습니다. 다시 한 번 문을 열고 들어가 자세히 보니 상투머리를 한 사람은 남자가 아니라 처제였습니다. 알고 보니 아내와 처제가 남편을 놀리려고 하다가 그만 잠이 든 것입니다. 아차 했으면 살인을 할 뻔한 것입니다.

순간적인 실수가 돌이킬 수 없는 결과를 가져올 수 있습니다. 세상에는 순간의 실수로 한평생을 후회하며 사는 사람들이 많습니다.

1999년 7월 21일 2개월된 아들이 울며 잠을 방해한다고 주먹으로 때리고 집어던져서 뇌를 다치게 한 아버지가 구속되었습니다. 택시 기사인 25세의 아버지는 원하지 않던 아이가 태어나 너무 우는 탓에 운전에 지장을 받아 홧김에 저지른 일이라고 합니다.

한순간의 실수가 삶을 망칠 수 있습니다. 죽음은 끝이 아닙니다. 새로운 시작입니다. 그러므로 죽음 이후를 위한 선택은 이 세상에서의 가장 현명한 선택이 될 수 있습니다. 영원을 위한 선택은 결코 실수해서는 안됩니다.

"진실로 진실로 너희에게 이르노니 믿는 자는 영생을 가졌나니"

(요한복음 6 : 47)

29

코스모스가 주는 교 훈

시인 이희승은 코스모스의 모습을 이렇게 읊고 있습니다.

"청초한 맨도리 / 담담한 빛깔 / 수줍은 적요 / 가벼운 애수 / 그리고 또 하나 그윽한 동경" 여기서 맨도리는 맵시의 다른 표현 이라고 합니다.

코스모스는 길가에 아무렇게나 널려 있지만 사람의 마음을 끄는 꽃입니다. 코스모스를 우리 나라에서는 살살이 꽃이라도 부르는데 멕시코가 원산지라고 합니다. 이 꽃은 18세기에 유럽 대륙으로 전파되었고 우리 나라에는 1910년에 선교사가 씨앗을 가져와 파종했다고 합니다. 코스모스는 가을이 되면 가장 흔한 꽃 중에 하나이기에 많은 사람이 관심을 가지지 않습니다. 흔하면 가치를 가볍게 여기기 때문입니다. 코스모스를 통해 두 가지 교훈을 생각해 봅니다. 복음도 코스모스처럼 전파되어야 한다는 것입니다. 코스모스는 다른 꽃보다 쉽게 전파됩니다. 이처럼 예수 믿는 사람이라면 누구나 복음을 끊임없이 전파해야 합니다. 그리고 복음을 모든 사람에게 전한다고 해서 결코 가볍게 취급해서는 안 된다는 것입니다. 우리가 매일 마시는 공기나 물은 흔하게 취급하지만 그 가치는 어떤 것과도 비교할 수 없습니다. 물이나 공기가 생명을 유지시켜 준다면 복음은 영원한 생명을 주는 최고의 가치입니다. 주 예수를 믿으십시오. 그리하면 구원을 얻을 것입니다.

30

솔방울

등산을 하며 앞에 있는 솔방울을 발로 찼습니다. 솔방울은 위로 올라가다가 다시 아래로 미끄러져 내려왔습니다. 그렇게 하기를 서너 번, 솔방울은 계속해서 아래로 굴러 내려왔습니다. 그러다가 다시 한 번 산 위를 향해 힘껏 발로 찼습니다. 위로 올라간 솔방울은 다시 내려오지 않았습니다. 소나무 뿌리에 걸려서 더이상 내려올 수 없었기 때문입니다.

정상을 향해 달리는 사람도 이처럼 끊임없는 도전을 해야 합니다. 한두 번만에 성공하리라는 생각은 아예 하지 말아야 합니다. 사람이 위로 올라가기 위해서는 자신의 노력만으로 올라갈 수 없습니다. 내려오지 않도록 막아주는 버팀목이 있어야 합니다. 사람이 정상을 향해 달려갈 때 내려오지 못하도록 하는 가장 확실한 버팀목은 하나님이십니다. 노력하고 인내할 때 하나님은 다가오십니다. 그것도 가장 정확한 타이밍을 맞추어서 버팀목이 되어 주십니다. 솔방울은 홀로 설 수 없습니다. 평지만 있는 것이 아니기 때문입니다. 이처럼 인생 길도 오르막이 있고 내리막이 있습니다. 그러므로 하나님과 함께 인생을 가야하는 것입니다. 하나님의 손을 잡고 가는 인생은 내리막을 두려워할 필요가 없습니다.

31

마늘 줄기

어떤 거지가 구걸하러 왔습니다. 욕심 많은 농부의 아내는 밭에 있는 토마토, 오이, 가지 등 많은 열매 중에 다 썩어 가는 마늘 줄기를 뽑아 주었습니다. 거지는 그것으로 배를 채웠습니다. 세월이 지나 농부의 아내가 죽었습니다. 농부의 아내는 천사에게 부탁하였습니다. 자신은 선행을 많이 했으니 천국에 갈 수 있도록 해 달라고 말입니다. 그러자 천사는 생전에 거지에게 준 마늘 줄기를 주며 이것을 붙잡고 천국에 올라가라고 했습니다. 농부의 아내는 힘을 다해 천국으로 올라가려고 발버둥을 쳤습니다. 그러자 썩은 마늘 줄기가 끊어져 지옥으로 떨어지고 말았습니다.

이 내용은 러시아 작가인 톨스토이가 쓴 소설의 내용입니다.

구원은 믿음으로 받지만 이웃을 향한 선행을 무시해서는 안됩니다. 선행은 구원받은 자의 의무요 특권이기 때문입니다. 성경은 어려움을 당한 이웃의 구제에 대해 아주 강력하게 말씀하고 있습니다.

"가난한 자를 구제하는 자는 궁핍하지 아니하려니와 못 본 체하는 자에게는 저주가 많으니라"(잠언 28장 27절). "의인은 가난한 자의 사정을 알아주나 악인은 알아 줄 지식이 없느니라"(잠언 29장 7절).

사람은 언제나 부자로 살 수 없습니다. 그러므로 이 세상에서 부자로 산 것보다 더 중요한 것은 마음의 부요함을 가지는 것입니다. 이런 자가 하나님이 인정하시는 영원한 부자가 될 수 있습니다. 지금 수해를 당해 모든 것을 잃은 자보다 더 가난한 자는 나누어 줄 수 있는 마음을 가지지 못한 자일 것입니다.

32

지 진

지진은 사람의 생명을 위협하는 최대의 재해 중 하나입니다. 지난 1백 년 동안 매년 1만 명 정도가 지진으로 목숨을 잃었다고 합니다. 1976년에는 중국의 탕산에서 지진이 일어나 25만 5천 명이나 사망했다고 합니다. 이번에 지진이 발생한 터어키는 1939년에도 리히터 규모 7.9의 강진으로 4만 5천 명이 사망한 적이 있다고 합니다. 과거 35년 동안에도 여섯 차례나 지진이 있었고 이번 지진은 리히터 규모 7.8의 강진으로 사망자가 4만 명에 이를 것으로 추정한다고 합니다. 일본 역시 환태평양 지진대에 속해서 매년 1천 회 이상이나 크고 작은 지진이 감지된다고 합니다.

문명이 아무리 발달해도 자연의 재해 앞에서는 한없이 무기력한 것이 사람입니다. 성경에는 지진에 대한 기록이 여러 군데 있습니다. 지진을 통해 몇 가지 교훈을 얻을 수 있습니다. 하나님의 능력을 의미합니다. 또한 하나님의 진노를 나타내기도 합니다.

시편 18편 7절에는 "이에 땅이 진동하고 산의 터도 요동하였으니 그의 진노를 인함이로다." 라고 말씀합니다.

지진 앞에서 참으로 무기력한 인간이 이 세상을 창조하시고 자연을 움직이시는 하나님을 우습게 보는 것은 자신을 가장 초라하게 만드는 길입니다. 하나님을 무시하며 이룬 모든 것은 아무리 멋있게 보여도 순간에 무너질 모래 위에 지은 집에 불과합니다.

하나님의 뜻이 무엇인지 궁금하지 않습니까?

"내 아버지의 뜻은 아들을 보고 믿는 자마다 영생을 얻는 이것이니 마지막 날에 내가 이를 다시 살리리라 하시니라."

(요한복음 6 : 40)

33

영원한 뿌리

등산을 하다 보면 오르막이나 내리막에서 나무를 붙잡아야 할 때가 간혹 있습니다. 어떤 나무는 사람들이 너무 많이 붙잡아서 나무 껍질이 반들반들하게 되어 있는 경우가 있습니다. 나무의 뿌리가 깊지 못하면 그 나무는 견딜 수가 없을 것입니다. 뿌리 깊은 나무는 어떤 경우에도 흔들리지 않습니다. 인생도 이처럼 수많은 풍파에 시달립니다. 튼튼한 뿌리에 기초를 둔다면 어떤 어려움도 이길 수 있을 것입니다.

두 사람이 평생 동안 모은 돈으로 같은 시기에 집을 지었습니다. 한 사람은 모래땅 위에 집을 지었고 또 다른 사람은 반석 위에 집을 지었습니다. 집을 짓기 위해 그들이 가진 돈과 노력 그리고 기술을 다 쏟았습니다. 정말로 멋있는 집이 지어졌습니다. 두 사람 모두 새 집에 들어가는 감격 때문에 잠을 이룰 수가 없었습니다. 새 집은 편리한 가구와 가정용품으로 채워졌습니다. 수십 년 동안의 어려움이 다 끝난 것처럼 보였습니다. 그러던 어느 날 태풍이 몰아쳤습니다. 모래 위에 지은 집은 약한 기초 때문에 견디지 못하고 무너지고 말았습니다. 지금까지의 모든 노력이 헛수고로 끝났습니다. 폐허가 된 집과 가재 도구를 보며 통곡했지만 아무런 소용이 없었습니다.

인생도 이와 같습니다. 예수님은 반석이십니다. 예수 그리스도 위에 영원한 인생의 집을 지어야 안전합니다. 돈이나 명예 그리고 인간의 지혜로 짓는 집은 모래 위에 지은 집입니다. 예수님을 믿으십시오. 그러면 예수님께서 당신의 영원한 뿌리가 되어 주실 것입니다.

34

함께 사는 행복

　사람들은 이상적인 배우자를 만나기를 원합니다. 여자가 원하는 남자 배우자의 평균 신체 조건은 키 177센티미터, 몸무게 69.9킬로미터이며, 여자 배우자의 평균 키는 164.2센티미터, 몸무게 50.8킬로미터라고 합니다. 그리고 재산이 2억 정도는 있어야 하며 쌍꺼풀과 진한 눈썹이 있는 남자를 선호한다고 합니다. 이렇게 외적인 조건에 눈이 어두워져 있는 사이에 세 쌍이 결혼하면 한 쌍이 이혼하는 지경에까지 이르렀습니다.

　행복한 결혼은 조건이 아닙니다. 자신과 잘 어울리는 사람을 선택해야 합니다. 좋은 조건이 행복을 가져다 주는 것이 아닙니다. 외적인 모든 조건을 갖춘 사람과 결혼한 사람들이 말하기를 그것은 단지 한 부분에 불과하다고 말합니다. 서로를 위해 주고 사랑해 줄 수 있는 사람보다 더 좋은 배우자는 없습니다. 오랫동안 함께 사랑하며 살 수 있는 것 자체가 행복입니다. 아무리 좋은 배경과 조건을 가져도 헤어지면 불행한 것입니다.

1999년도의 한국 사람의 평균 수명은 남자가 75세, 여자가 79세라고 합니다. 그런데 이혼한 남자의 수명은 남자가 65세(10년 단축), 여자는 71세(8년 단축)라고 합니다. 그리고 사별한 남자와 여자는 모두 54세로 20년 이상씩 단축된다는 통계가 나왔다고 합니다.

함께 산다는 것 자체가 참으로 중요함을 알 수 있습니다. 부부가 함께 사는 것이 이처럼 중요하다면 하나님과 함께 사는 것은 얼마나 행복할지 능히 짐작해 볼 수 있습니다. 예수 그리스도를 믿으면 하나님과 함께 살 수 있습니다. 그것도 이 세상뿐 아니라 영원히 말입니다.

35

정상을 향하여

등산의 맛은 정상을 정복하는데 있습니다. 그러나 건강을 위해서 매일 등산을 하는 사람들에게 높은 정상은 무리가 될 수 있습니다. 그래서 적당한 곳을 목적지로 삼아 등산을 합니다. 새벽기도를 마치고 1시간에서 1시간 30분 정도 등산을 하다보면 하루 시작 시간에 쫓기는 경우가 있습니다. 그럴 때에는 가장 낮은 봉우리인 제1지점까지만 등산을 합니다. 며칠 동안 그렇게 하다보면 좀 더 높은 지점인 제2지점까지 가는 것도 힘이 듭니다.

사람들은 세상에 살면서 목표를 정해 놓고 삽니다. 그런데 가능하면 목표 지점이 높은 것이 좋습니다. 그래야 높이 올라갈 수 있습니다. 그러나 사람에게는 이 세상의 목표만 중요한 것이 아닙니다. 하나님이 제시하신 최종 목표가 어디인지 알아야 합니다. 최종 목적지는 땅이 아니라 하늘입니다. 당신의 목적지는 어디입니까? 오직 이 세상입니까? 이 세상은 과정이지 도착지가 아닙니다. 이 세상보다 높은 곳을 목표 지점으로 삼는다면 인생을 이 세상만을 위한 일회용으로 만들지는 않을 것입니다.

> "저희가 이제는 더 나은 본향을 사모하니 곧 하늘에 있는 것이라 그러므로 하나님이 저희 하나님이라 일컬음 받으심을 부끄러워 아니하시고 저희를 위하여 한 성을 예비하셨느니라."
>
> (히브리서 11 : 16)

36

비

비가 많이 온 후에 등산을 하면 산의 흙이 씻겨 내려가 땅 아래
묻혀 있던 새로운 흙이 드러나 있는 것을 볼 수 있습니다. 돌출된
단단한 흙은 세미한 줄을 드러내며 길을 새롭게 포장한 것과 같
은 느낌을 줍니다. 비 온 후의 산길은 깨끗합니다. 지금까지의 모
든 발자국을 지워 버리고 완전한 새 길로 만들기 때문입니다. 그
러나 비 온 후에 움푹 패인 곳은 오히려 물기가 빠지지 않아 지저
분하게 보일 뿐 아니라 미끄러워서 사람이 다치기 쉽습니다. 마
치 욕심을 피워서 남에게 내놓지 못하는 더러운 마음처럼 말입
니다. 물은 흘러가야 합니다. 그렇지 못하면 자신의 스타일을 구
길 뿐 아니라 다른 사람에게까지 피해를 줄 수 있습니다. 그리고

길 옆에는 비를 맞으며 자란 버섯이 활짝 웃고 있습니다. 그러나 그 버섯은 노란색을 띤 독버섯입니다. 독성이 강한 버섯일수록 색깔이 아름답습니다. 독버섯은 아름답게 보여도 결코 남에게 도움을 주지 못합니다.

하나님이 주시는 비를 받고도 나타나는 모양은 이렇게 다양합니다. 우리 인생도 알고 보면 100% 하나님의 은혜로 삽니다. 이같이 은혜를 받고 살지만 드러내는 모습은 다양합니다. 기억할 것은 우리는 100% 하나님이 주신 것으로 산다는 것입니다.

당신은 하나님으로부터 받은 은혜를 어떻게 드러내고 있습니까?

37
위로부터 오는 힘

  인생은 마치 배를 타고 미지의 세계로 여행하는 것과 같습니다. 아무리 유능한 선장과 준비된 식량이 있어도 그것으로 안전한 운행을 할 것이라고 자신할 수 없습니다. 배를 타고 가다가 좋은 일기를 만나면 그저 좋은 날이구나 생각하며 갑니다. 그러다가 태풍이 온다는 기상예보라도 듣고 나면 정신을 바짝 차리고 태풍권에서 벗어나려고 안간힘을 씁니다. 시작할 때와 마칠 때의 결과가 전혀 다른 방향으로 가 있을 수도 있습니다.

  두 사람의 농부가 추수를 하루 앞두고 들에 나와 흐뭇한 표정으로 과실들을 바라봅니다. 이제 다 끝났다고 생각한 것입니다. 흐뭇한 기분으로 두 사람은 잠자리에 들었습니다. 그런데 한 명은 그 날 밤 심장마비로 세상을 떠나고 말았습니다. 또 다른 농부는 아침에 일어나서 보니 밤사이 홍수가 나서 잘 익은 곡식이 모두 다 물에 쓸려 내려가 버리고 말았습니다. 분통이 터진 농부는 그만 하늘을 보며 통곡하다가 화병으로 드러눕고 말았습니다.

미국 대통령 아브라함 링컨은 이런 말을 했습니다. "전능하신 하나님께서 인간을 그의 대리자로 이용하시고 인생사에 직접 개입하신다는 것은 성경에 기록된 평범한 내용 가운데 하나이다. 그러한 섭리에 대해 많은 증거와 예를 가지고 있다. 내 의지가 아닌 다른 힘에 의해 내 삶이 움직일 때 이 힘은 위로부터 오는 것임을 의심하지 않는다."

위로부터 오는 힘에 대해 무지한 자는 인생의 영원한 실패자가 될 수밖에 없습니다.

> "주권자에게 은혜를 구하는 자가 많으나 사람의 일의 작정은 여호와께로 말미암느니라."
>
> (잠언 29 : 26)

38

흰 손수건

스텐리 존스라는 목사가 기차를 타고 여행을 하고 있었습니다.
옆자리에 앉은 청년의 얼굴이 수심으로 가득 차 있었습니다. 그
청년은 아버지께 죄를 짓고 집을 쫓겨났습니다. 여러 곳을 전전
하며 아버지께 자신의 잘못을 용서해 달라고 편지를 여러 번 보
냈으나 답장이 없었습니다. 이 청년은 마지막으로 아버지께 편지
를 보냈습니다. "큰 잘못을 범했지만 용서해 주십시오. 제가 기차
를 타고 아버지 집 옆으로 지나갈 테니 용서해 주신다면 집 나무
에 하얀 손수건을 매달아 주세요. 그러면 용서해 주신 것으로 알
고 다음 역에서 내려 집으로 돌아가겠습니다. 그러나 흰 손수건
이 없으면 용서해 주시지 않는 것으로 알고 그 길로 제 생애를 마

감하겠습니다."

기차가 모퉁이를 돌아 집 가까이 다가가기 시작하자 드디어 나무가 보이기 시작했습니다. 그런데 그 나무 위에는 흰 손수건이 수백 개가 달려 있었습니다.

부모라면 자식의 어떤 죄도 용서하기로 마음을 먹습니다. 이처럼 하나님도 사람들의 죄를 용서해 주시기로 이미 작정하셨습니다. 문제는 하나님께 돌아와야 합니다. 아버지께 용서받지 못하고 사는 아들이 영원히 죄인이듯이 하나님께 용서받지 못하고 사는 자 역시 영원한 죄인으로 남을 수밖에 없습니다. 하나님은 예수 그리스도를 이 땅에 보내서서 십자가에 못박아 죽이시므로 우리의 죄를 대신 담당하도록 하셨습니다. 하나님은 인생의 죄를 용서해 주기로 작정하시고 기다리고 계십니다. 수백 개의 흰 손수건을 보고도 다음 역에서 내리시지 않겠습니까?

> "여호와께서 말씀하시되 오라 우리가 서로 변론하자 너희 죄가 주홍 같을지라도 눈과 같이 희어질 것이요 진홍같이 붉을지라도 양털같이 되리라."
>
> (이사야 1 : 18)

39

이혼 시대

최근 통계청이 발표한 통계를 보면 한국도 이혼시대에 들어섰음을 보여 주고 있습니다. 1998년 한 해 결혼한 커플이 36만 6천 6백 쌍입니다. 이혼한 커플은 12만 3천7백 쌍이나 되는데 이는 세 쌍이 결혼할 때 한 쌍이 이혼한 수치가 됩니다. 하루 평균 이혼하는 커플은 339쌍에 이릅니다. 이는 10년 전에 비해 세 배 이상 늘어난 수치라고 합니다. 최근 10년 간의 이혼 통계를 살펴보면 아래와 같습니다. 1989년에 42,100쌍, 1990년 45,000쌍, 1991년 47,400쌍, 1992년 57,000쌍, 1993년 58,300쌍. 1994년 63,900쌍, 1995년 68,100쌍, 1996년 80,000쌍, 1997년 93,300쌍 그리고 1998년이 123,700쌍이라고 합니다. 이혼 증가 속도도 일본이나 대만 그리고 프랑스보다 훨씬 빨라지고 있다고 합니다. 이혼의 가장 큰 이유는 성격차이라고 합니다. 그리고 황혼 이혼도 늘어나고 있다고 합니다. 살만큼 살고 아이들을 키울 만큼 키운 부부들이 갈라선다고 합니다. 이런 이유 때문에 이혼 연령이 고령화되어 가고 있다고 합니다. 1989년 남자의 이혼 연령이 36.7세, 여자는 32.6세이던 것이 1998년에는 남자가 40.1세, 여자가 36.9세가 되었다고 합니다.

사람들은 이상적인 남자와 여자를 찾습니다. 그러나 세상에 이상적인 남자와 여자는 없습니다.

어떤 사람이 노총각인 친구에게 물었습니다.

"자네는 왜 아직 결혼을 하지 않고 있는가?"

"나는 이상적인 여자를 찾고 있네."

"그러면 아직도 못 찾았는가?"

"찾았지만 또 글렀어! 그 여자가 이상적인 남자만을 찾고 있기 때문이야!"

배우자는 서로 돕는 배필이어야 합니다. 돕는 배필이란 '조력자, 반려자'란 뜻입니다. 이런 자세 없이 결혼하는 자는 헤어짐의 아픔보다 더한 아픔을 맛보게 될 것입니다.

40

건빵 도둑

영국의 위대한 탐험가 중에 섀클톤(1874-1922)이란 분이 있습니다. 그가 남극을 탐험할 때 아주 위험한 상황을 맞이하여 대원들과 함께 임시로 피한 장소를 찾아 대피하였습니다. 식량까지 다 떨어지자 마지막 남은 건빵을 대원들에게 한 봉지씩 나누어 주었습니다. 모든 대원들이 잠자리에 들었습니다. 그런데 인기척이 들렸습니다. 섀클톤이 눈을 뜨고 소리나는 쪽을 살펴보니 한 대원이 다른 대원의 건빵을 살며시 가지고 가는 것이었습니다. 그 대원은 평소 가장 신뢰하던 자였습니다. 자기만 살겠다고 동료의 건빵을 훔쳐 가는 것을 보며 마음에 분노가 치밀어 올랐습니다. 그런데 그 대원은 자기가 가지고 간 건빵 봉지를 열고 자신의 건빵을 그 봉지에 가득 채우는 것이었습니다. 그리고는 그 봉지를 원래 있던 제자리에 다시 갖다 놓는 것이었습니다. 이 모습을 본 색클톤은 흐뭇한 마음으로 잠자리에 들었습니다. 죽음의 위기 앞에서 자신의 것을 아낌없이 줄 수 있는 마음이야말로 우리가 배워야 할 사랑입니다.

예수 그리스도는 죄 많은 인간을 구원하시기 위해 주저하지 않고 자신의 몸을 십자가에 내맡기셨습니다. 그리고 온갖 모욕과 고통으로 십자가에서 최악의 죽음을 맞이하셨습니다. 십자가의 사랑을 품고 사는 자는 어떤 사람도 다 사랑할 수 있고 용납할 수 있습니다. 당신을 향한 예수님의 사랑은 오늘도 계속되고 있습니다.

41

식인용들의 **변화**

세계 제2차 대전 때 미군 병사들이 태평양의 어떤 섬에 상륙하였습니다. 섬 사람들은 성경을 보이며 자랑하였습니다. 이것을 본 미군 병사가 "그 골동품 같은 성경에 대해 나는 관심이 없소." 라고 말하자 섬 사람이 이렇게 말했다고 합니다. "우리에게 이 골동품처럼 보이는 성경이 없었다면 우리는 당신들을 잡아서 요리를 만들어 식탁에 올렸을 것입니다. 본래 우리는 사람들을 잡아먹는 식인종이었습니다. 이 성경에 기록된 복음 때문에 우리는 새로운 사람들이 되었습니다."

성경은 사람을 변하게 합니다. 예수를 믿고 성경을 본다는 것은 엄청난 변화를 예고합니다. 인간의 힘으로 할 수 없는 일들을 하나님의 도우심을 통해 할 수 있기 때문입니다.

영국의 작가인 사무엘 존슨 박사는 임종시에 그를 찾아온 젊은 청년에게 이렇게 말했다고 합니다. "젊은이! 이 세상에서 뛰어난 명성을 얻었고 얼마 후면 하나님 앞에 갈 이 사람의 말을 잘 들어주게. 매일 매일 성경을 읽고 살아가기를 바라네."

어렵고 힘든 세상에서 하나님의 위로와 인도하심을 매일 받고 살 수 있다면 이보다 더 복된 사람은 없을 것입니다. 아직도 성경을 대수롭지 않게 생각하십니까? 그렇다면 이 사실을 알고 계십니까? 성경을 통해 성경의 저자인 하나님을 만날 수 있다는 사실 말입니다.

42

친 구

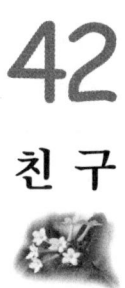

주홍글씨로 널리 알려진 나다니엘 호오돈은 일찍이 아버지를
여의고 홀어머니에게서 자라났습니다. 어두운 어린 시절 때문인
지 호오돈은 언제나 어둡고 침울하였습니다. 그러나 그가 훌륭한
소설가가 될 수 있었던 것은 그에게 좋은 친구 셋이 있었기 때문
이었습니다. 한 명은 호오돈이 출판을 하여 문단에 데뷔할 수 있
도록 경제적으로 지원해 준 호레이쇼 브릿지라는 친구였습니다.
두 번째 친구는 시인 헨리 롱펠로우였습니다. 롱펠로우는 호오돈
을 위해 책의 서문을 써 주었을 뿐 아니라 그가 성공할 수 있도록
격려와 사랑을 아끼지 않았습니다. 세 번째는 피어스라는 친구로
이 친구는 사교적이며 수완이 좋아서 여러모로 호오돈에게 도움

을 주었는데 후에 미국의 14대 대통령이 되었습니다. 호오돈은 대통령이 된 피어스 덕분에 말년을 어려움 없이 보낼 수 있었고 영국의 리버풀 영사로 가서 평화로운 시간을 보내기도 하였습니다. 친구의 호의에 감사하는 마음으로 피어스의 전기를 써주었습니다. 호오돈이 죽자 친구들이 그의 마지막 가는 길을 전송해 주었다고 합니다.

좋은 친구들이 있다는 것은 즐거운 일입니다. 이 세상의 친구도 이렇게 힘이 되는데 예수 그리스도와 함께 이 세상을 살아간다면 이보다 더 좋은 기쁨과 위로는 없을 것입니다. 예수님을 믿는다는 것은 이 세상에서 가장 좋은 친구인 주님과 동행을 시작한다는 것을 의미합니다. 지금도 예수님은 당신의 친구가 될 준비를 끝내시고 당신을 기다리고 있다는 사실을 알고 계십니까?

43

종 말

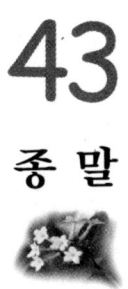

　L이라는 사람이 있었습니다. 이 사람은 좋은 가정 환경에서 성장했습니다. 아버지는 덕망 있는 교육가였고 본인은 수재였기에 남들의 부러움을 샀습니다. 학교도 최고의 명문대학 정치학과를 졸업하였습니다. 대학시절 여러 분야에서 두각을 나타내어 그의 주위에는 언제나 많은 학생들이 모였습니다. 그는 누가 보아도 장래가 보장된 촉망받는 유능한 인재처럼 보였습니다. 그는 머지 않아서 국회에 진출할 것이라고 큰 소리를 치며 자기가 살고 있는 지역의 국회의원이 된 것처럼 기세 등등하였습니다. 대학을 졸업한 후 그는 정치 입문을 뒤로 미루고 새로운 잡지를 창간하였습니다. 그러나 그는 남파 간첩과 접선이 되어 남해안의 어느

섬에서 검거되고 말았습니다. 그는 북한까지 밀입국하여 김일성을 만나기도 하였습니다. 결국 그는 간첩 혐의로 기소되어 30세 초반의 젊은 나이로 사형 선고를 받고 형장의 이슬로 이 세상을 마감하고 말았습니다.

　시작이 좋다고 해서 마지막이 반드시 좋다고 말할 수는 없습니다. 비극적인 종말은 본인과 가족 그리고 보는 사람의 마음을 아프게 합니다. 알 수 없는 것이 인생입니다. 모든 사람은 마지막이 아름답기를 원합니다. 당신은 최종적인 승자가 되고 싶지 않습니까? 하나님은 한 치 앞도 못 보는 인간에게 이렇게 말씀하십니다.

　　"내가 너의 갈 길을 가르쳐 보이고 너를 주목하여 훈계하리로다"

　　　　　　　　　　　　　　　　　　　　　　　　(시편 32 : 8)

　예수 그리스도를 믿을 때 하나님은 당신의 손을 잡아주십니다. 그리고 완벽하고 영원한 인도자가 되어 주실 것입니다.

44

인생의 길

알 수 없는 것이 인생입니다. 좋은 결과를 얻기 위해 얼마나 노력하며 삽니까? 그런데 너무나 충격적인 일들이 우리를 슬프게 합니다. 1999년 11월 11일 국민일보 사회면에 난 기사입니다. 생일파티에서 노래를 부르지 않는다고 친구를 집단 폭행해 숨지게한 후 암매장한 사건입니다. 노래를 부르지 않는 친구 김씨가 집단 폭행으로 숨지게 되자 암매장을 하는 과정에서 자신들을 나무라는 친구 유씨까지 각목으로 때려 같이 암매장을 하였습니다. 22세 된 친구들의 생일파티가 살인파티로 끝을 맺은 참으로 끔찍한 사건이었습니다. 그리고 또 다른 사건은 국회의원과 유명대학의 총장을 지낸 분이 사업의 실패로 부도를 내어 구속되었다는 내용이었습니다.

알 수 없는 미래를 향해 열심히 달려가지만 그 결과는 누구도 알 수 없습니다. 얼마 전 교육 방송에서 고사를 지내는 장면을 보았습니다. 고사를 지내는 사람들은 연극을 만든 제작진과 배우들이었습니다. 그들은 서울 오페라 페스티벌이 성공적으로 끝나기를 기원하고 있었습니다. 돼지머리 앞에서 절하고 기도문을 읊는 그들은 오직 성공만을 추구하고 있었습니다. 사람들은 성공이라는 신을 좇아갑니다. 그러나 성공이 그들을 받아 주지 않을 때 좌절과 분노로 이 세상을 저주하는 사람들이 많습니다.

성공을 원하십니까? 그렇다면 하나님과의 관계를 점검해 보시지 않으시겠습니까? 성공과 행복을 가지신 하나님은 인간을 결코 거절하지 않으시기 때문입니다.

"너의 행사를 여호와께 맡기라 그리하면 너의 경영하는 것이 이루리라."
(잠언 16 : 3)

45
수확의 계절

미국 매사츄세츠주 살렘 태버나클 교회에서 미얀마 랑군에 아
도니람 저드슨 목사 부부를 선교사로 파송하였습니다. 미얀마에
는 단 한 명의 크리스천도 없었습니다. 저드슨은 보스톤의 대 교
회에서 담임 목사로 청빙하는 것도 거절하고 미얀마 선교를 위
해 현지로 떠났습니다. 그는 그 곳에서 십 년을 수고했으나 단 한
명의 결신자도 얻지 못했습니다. 그러나 낙심하지 않고 미얀마
말로 교리와 성경을 번역하였습니다. 그 후 2년이 지나 몽나우라
는 청년이 처음으로 예수를 믿고 세례를 받았습니다. 저드슨은
미얀마 당국으로부터 투옥을 당했습니다. 그 이후 사랑하는 아내
와 아들이 병으로 죽어갔습니다. 이후 저드슨도 1850년 세상을

떠났습니다. 한 알의 밀 알이 되어 죽어간 것입니다.

100년 후 미얀마는 20만 명이 넘는 크리스천이 생기게 되었습니다. 뿌린 씨앗은 반드시 거두게 되어 있습니다. 어떤 씨를 뿌리는가 하는 것이 중요합니다.

얼마 전에 양로원을 하는 목사님으로부터 들은 이야기입니다. 10년 이상 양로원을 하며 얻은 교훈은 양로원에 들어온 분들 중에 마지막이 좋지 못한 분들은 한결같이 젊을 때에 좋은 씨를 뿌리지 못한 사람들이라는 것입니다. 방탕하고 노력하지 않고 살던 자의 마지막이 아름답지 못한 것은 너무나 당연한 결과일 것입니다.

지금 당신이 뿌리는 씨앗이 수확의 계절에 웃음과 기쁨을 줄 것이라고 확신하고 있습니까?

"눈물을 흘리며 씨를 뿌리는 자는 기쁨으로 거두리로다 울며 씨를 뿌리러 나가는 자는 정녕 기쁨으로 그 단을 가지고 돌아오리로다."

(시편 126 : 5~6)

46

어떤 전사

탈주범 신창원은 한 사람에게 깊은 감동을 받았다고 합니다. 교도소를 탈주해서 피해 다닐 때에 어떤 집에 침입하였는데 그 피해자는 도망 다니느라고 옷을 갈아 입지 못한 신창원의 옷을 빨아 주고 따뜻한 밥도 지어 주었습니다. 그러면서 그를 위해 앞으로는 죄를 짓지 말라고 그를 위해 기도해 주었다고 합니다. 흉악범으로 도망을 치고 있는 그의 눈에는 그 사람이 천사로 보였다고 합니다. 그리고 그 사람이 모신 하나님이라면 언젠가 자신도 믿고 싶은 마음이 들었다고 합니다.

그는 법정에서 '아플 때 약을 좀 달라' 고 했더니 여러 명이 달려들어 몰매를 가하더라는 것입니다. 그 날 이후 그는 탈주를 결심했다고 합니다.

　이 세상의 어떤 흉악범도 사랑 앞에서는 감동하는 모양입니다. 이 세상의 많은 사람들이 자신을 진정으로 사랑해 줄 수 있는 천사와 백마탄 기사를 만나기를 원합니다.

　하나님은 이 세상 사람들의 죄를 용서해 주시기 위해 예수 그리스도를 이 땅에 보내셨습니다. 예수님이야말로 백마 탄 기사나 천사와 비교할 수 없는 분이십니다. 백마 탄 기사와 천사는 만나기가 어렵지만 예수님은 누구나 쉽게 만날 수 있습니다. 예수님의 초청에 응하기만 하면 되기 때문입니다. 그분은 우리를 위해 자신의 목숨까지 아낌없이 주셨습니다. 그리고 어떤 어려운 문제도 거침없이 해결해 주시겠다고 하셨습니다. 그래서인지 예수 그리스도를 만난 분들은 참으로 행복하다고 말합니다. 자기보다 자기를 훨씬 사랑해 주시는 분을 만났기 때문입니다.

47

포도주스 웰취

미국의 한 젊은이가 복음을 전하기 위해 신부와 아프리카로 선교를 떠났습니다. 그의 선교 사역은 잘 진행되지 못했습니다. 갓 결혼한 신부 역시 적응하지 못하고 풍토병에 시달려야 했습니다. 결국 이 사람은 선교 사역을 계속하지 못하고 1년도 되기 전에 미국으로 돌아오고 말았습니다. 이 젊은이는 선교의 꿈을 포기할 수 없었습니다. 현장에 가서 선교한 것은 실패했지만 뒤에서 돕는 선교사가 되기로 결심했습니다. 그는 열심히 돈을 벌었습니다. 이 청년이 바로 세계적으로 유명한 포도주스 회사인 '웰취'의 설립자인 웰취라는 사람입니다.

목표가 분명한 삶을 살아가는 자는 그 뜻을 이룰 수 있습니다.

'왜 내가 살아야 하는가? 무엇을 위해 살아야 하는가? 를 모르는 사람이 많습니다. 오직 자신의 욕심만을 채우기 위해 달려가는 사람의 마지막은 허무와 아픔뿐입니다. 그러나 바른 목적을 세우고 달려가는 사람은 삶이 즐겁고 그 결과도 아름답습니다.

아프리카 원주민들이 처음으로 그릇을 발견하고 머리에 쓰고 다니다가 잘못해서 깨뜨렸다고 합니다. 얼마나 어리석은 일입니까? 그릇은 만들어진 목적과는 전혀 다르게 사용되다가 그릇의 일생을 마친 것입니다. 이런 인생이 되어서는 안될 것입니다. 당신은 어떻게 살아야 하는지 알고 계십니까? 이 사실을 가장 잘 아시는 분은 하나님이십니다. 하나님께서 인생을 만드셨기에 하나님께 물어 보아야 합니다. 아직도 살아야 하는 목적을 모르십니까? 그렇다면 지금 즉시 하나님을 찾으십시오.

> "영접하는 자 곧 그 이름을 믿는 자들에게는 하나님의 자녀가 되는 권세를 주셨으니"
>
> (요한복음 1 : 12))

48

스토킹(Stalking)

싫어하는데 달라 붙는 행위를 스토킹(stalking)이라고 합니다. 미국 소설가 스티븐 킹의 원작 '미저리'라는 영화에는 눈보라 속에 조난 당한 한 작가가 자신의 작품을 탐독하는 여인에 의해 구조됩니다. 그러나 이 여인은 작가를 가두고 자신의 의도대로 소설 내용을 바꿀 것을 강요합니다. 이런 스토커들 때문에 많은 사람들이 피해를 보고 있다고 합니다. 특히 인기인들이 표적이 되는 경우가 많은데 비틀스 멤버였던 존 레논과 여배우 레베카 셰퍼등이 스토커에 의해 목숨을 잃었습니다. 미국에는 170만 명이나 되는 사람들이 스토커들에게 피해를 보고 있다고 합니다.

1999년 12월 6일 충북 청원에서는 20대 여성을 1년 가까이 따라 다니며 결혼해 줄 것을 요구한 30대 남성이 자신의 요구를 들어 주지 않자 흉기로 살해한 사건이 발생하였습니다. 자신의 욕심을 채우기 위해 사랑을 요구하고 그 사랑이 받아들여지지 않을 때 무자비하게 공격하는 인간의 죄성은 참으로 이 세상을 어둡게 만듭니다. 사랑받기를 원하지만 사랑받지 못하는 아픔, 사랑하고 싶으나 받아 주지 않는 분노에서 자유하고 싶은 것이 사람의 마음입니다.

예수 그리스도를 인격적으로 영접하십시오. 그러면 그분의 사랑으로 만족할 것이며 사랑받지 못하는 분노로부터 자유함을 누릴 수 있습니다.

49

30년의 징역

볼페는 아이티 이민자 출신으로 경찰이 되었습니다. 그는 1997
년 8월 순찰 중이던 한 나이트 클럽에서 난투극을 벌이던 루이마
라는 사람을 체포하여 경찰서 화장실로 끌고 가 빗자루 대를 입
과 항문에 넣고 구타를 하는 야만적인 행동으로 재판에 회부되
었습니다. 피해자인 루이마는 그 상처로 3차례의 수술을 받고 병
원에서 2년 6개월을 지내며 자신의 처지를 하나님께 항변했다고
합니다.

유진 니크슨이라는 재판관은 선고 공판에서 이렇게 말했습니
다. "볼페의 행위는 고의적인 살인에는 미치지 못하지만 상상할
수 없는 야만적인 행동으로 경찰과 사회 전반에 말할 수 없는 악

영향을 끼쳤으므로 30년형을 선고한다."

피의자인 볼페는 선고를 앞둔 최후 진술에서 "나는 루이마의 인권과 내 자신을 배반했기에 당당히 죄값을 치르겠습니다. 그러나 이제 27세의 나이에 감옥에 간다는 것이 참으로 저주스러울 뿐입니다."라고 말하며 울먹였다고 합니다.

이 세상에서의 30년 간 감옥 생활도 한 인간을 이처럼 비참하게 전락시키는데, 저 세상에서 영원한 고통의 장소에 들어가는 자는 얼마나 비참할까요? 이 세상에서 지은 죄를 해결하지 못하면 영원한 고통과 자신을 향한 저주만이 있을 뿐입니다. 성경은 죄를 해결하지 못한 자들이 가는 처소에 대해 분명하게 가르치고 있습니다. 그러나 주 예수를 구세주로 믿기만 한다면 영원한 형벌에서 벗어날 수 있습니다.

> "또 왼편에 있는 자들에게 이르시되 저주를 받은 자들아 나를 떠나 마귀와 그 사자들을 위하여 예비된 영영한 불에 들어가라."
>
> (마태복음 25 : 41)

50

크리스마스 이야기

　미국의 여류 소설가이자 중국 선교사의 딸이었던 P. S 펄벅이
쓴 '크리스마스 이야기'에 이런 내용이 기록되어 있습니다. 크리
스마스 이브의 요란함이 가신 깊은 밤중에 여섯 살 난 샌디라는
아이가 크리스마스 트리와 곁에 놓아 둔 선물을 구경하기 위해
침실에서 일어나 크리스마스 트리가 있는 근처까지 가까이 갔습
니다. 그런데 거기에 한 마리 생쥐가 왔다갔다하는 것을 발견하
였습니다. 마침 크리스마스 트리 뒤에는 고양이 한 마리가 있었
습니다. 이 광경을 본 샌디는 얼른 고양이를 쫓아내어 생쥐의 목
숨을 구해주었습니다. 다시 침실로 돌아온 샌디는 혼자서 이런
생각을 하고 있었습니다. '생쥐의 목숨을 구해준 것은 참으로 잘

한 일이야. 하마터면 생쥐가 죽을 뻔했어!' 혼자서 이 생각을 하느라 크리스마스에 대한 생각은 까맣게 잊어버리고 말았습니다.

　오늘날 많은 사람들이 크리스마스가 되면 마음이 들떠서 크리스마스의 본래 뜻보다는 자신 위주의 크리스마스를 보내는 경우가 많습니다. 예수 그리스도께서 왜 이 땅에 오셨는지 아십니까? 오직 크리스마스 트리에 붙은 금박, 은박 그리고 반짝이는 종이와 선물에 정신이 팔려서 진정한 크리스마스의 의미를 잊고 있지는 않습니까? 예수 그리스도께서 탄생하셨기에 당신의 죄 문제를 해결받을 수 있다는 이 중요한 사실을 알고 계십니까?